PANTUFA

Um encontro especial

Autora e Ilustradora:

Júlia Mestriner Phillipp

Projeto coordenação:

Claudia Hosbach

Copyright do texto e das ilustrações:

Julia Mestriner Phillipp

Todos os direitos reservados.

Nenhuma parte desta obra, protegida por

Copyright, pode ser reproduzida sem prévia

autorização por escrito da autora.

Janeiro 2021

Um dia, Lia, a reporter de uma emissora de televisão, foi a um abrigo de animais pra entrevistar dona Irene, a cuidadora. Lia queria fazer uma reportagem sobre animais abandonados.

Mas, pouco antes de a entrevista começar, uma cachorrinha chamada Pantufa veio até Lia para dar boas vindas. Pantufa abanava o rabo alegremente, enquanto deixava cair aos pés da reporter a pantufa que carregava entre os dentes.

Lia achou graça, pensou que talvez esta seria a maneira do animalzinho receber visitantes.

Dona Irene explicou que Pantufa ganhou esse nome, porque vivia nas ruas e chegou ao abrigo carregando este chinelo. E todos riram muito com isto, na época.

Lia olhou para Pantufa, surpresa. Depois observou o presente a seus pés e pensou: "É possível que este chinelo seja um dos meus?" E aos poucos, Lia foi se lembrando do par de pantufas amarelas que havia comprado há algum tempo.

Lembrou-se também que, depois de lavá-las, as pendurou no varal.
Com certeza um vento forte teria soprado um dos chinelos para longe, pensou.

Mas supresa mesmo estava dona Irene, porque Pantufa nunca se separava do chinelo.

Até então, ninguém havia conseguido tirá-lo dela. Ele era o seu brinquedo.

e também travesseiro.

Lia olhava com curiosidade para Pantufa e pensava que, por viver nas ruas, talvez a cachorrinha achou o chinelo e agora vinha devolvê-lo.

No final da entrevista, Lia acariciou Pantufa carinhosamente e disse com um sorriso feliz:

"Sabe de uma coisa, dona Irene? Vou adotar a Pantufa. Acho que fui ecolhida por ela."

Pantufa agora tem um novo lar, Lia uma nova amiga e o chinelo continua a ser um brinquedo e também um travesseiro.

Sobre a Autora

Júlia Mestriner Phillipp nasceu em Ribeirão Preto, interior de São Paulo e cursou Artes Plásticas em uma faculdade paulistana. No início dos anos 1990, Júlia mudou-se para a Alemanha e, além de participar, como autora, de noites literárias, leciona arte para adultos e crianças em escolas de sua cidade. Júlia é casada e vive com o marido e o filho em Rheinfelden, cidade no sul do país.

www.ingramcontent.com/pod-product-compliance
Lightning Source LLC
Chambersburg PA
CBHW042126110726
48006CB00003B/785